Impressum
Verlag: BABADADA GmbH, Nedderfeld 112 , 22529 Hamburg
Geschäftsführer / Verlagsleitung: Harald Hof
Druck: Books on Demand GmbH, In de Tarpen 42, 22848 Norderstedt

Imprint
Publisher: BABADADA GmbH, Nedderfeld 112 , 22529 Hamburg, Germany
Managing Director / Publishing direction: Harald Hof
Print: Books on Demand GmbH, In de Tarpen 42, 22848 Norderstedt

# 學校

# škola

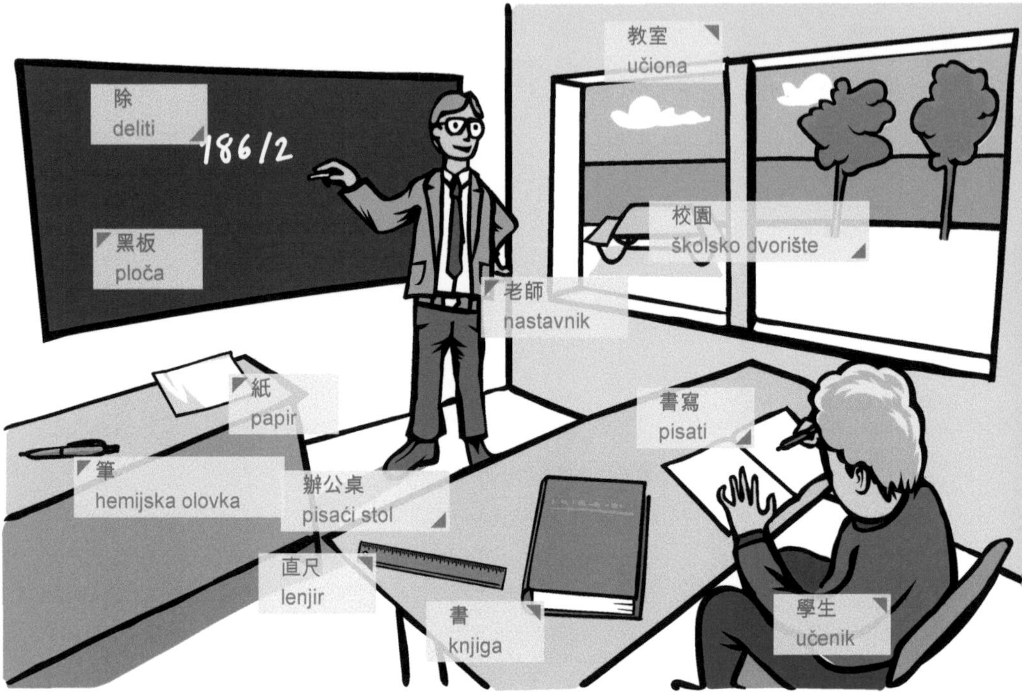
教室
učiona
除
deliti
186/2
黑板
ploča
校園
školsko dvorište
老師
nastavnik
紙
papir
書寫
pisati
筆
hemijska olovka
辦公桌
pisaći stol
直尺
lenjir
書
knjiga
學生
učenik

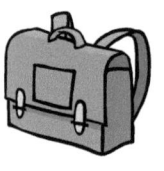

書包

torba

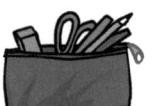

鉛筆盒

pernica

鉛筆

grafitna olovka

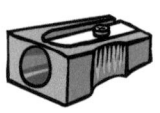

削鉛筆機

šiljilo za olovke

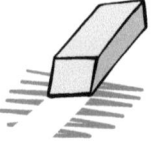

橡皮擦

gumica za brisanje

畫板

blok za crtanje

圖畫

crtež

畫筆

kist

顏料盒

kutija sa bojama

剪刀

makaze

膠水

lepilo

練習冊

beležnica

家庭作業

domaći zadatak

數字

broj

加

sabirati

減

oduzimati

乘

množiti

計算

računati

字母

slovo

字母表

abeceda

字

reč

課文
tekst

讀
čitati

粉筆
kreda

上課
čas

登記
dnevnik

考試
ispit

證書
svedočanstvo

校服
školska uniforma

教育
obrazovanje

百科全書
leksikon

大學
univerzitet

顯微鏡
mikroskop

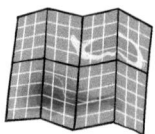

地圖
karta

廢紙簍
košara za papir

# 旅行

# putovanje

飯店
hotel
Grand
青年旅社
prenoćište
ROOMS
外幣兌換處
menjačnica
CHANGE
手提箱
kofer
汽車
auto

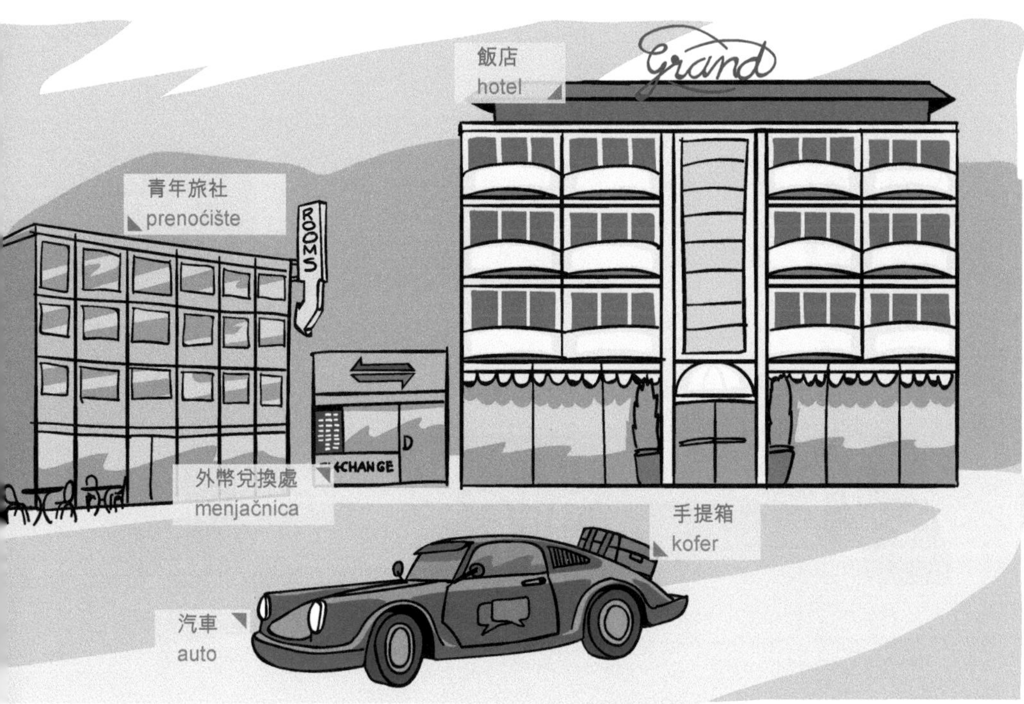

語言

jezik

是/否

da / ne

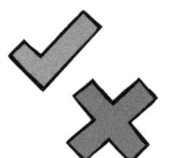

好的

okej

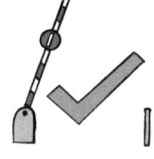

您好

zdravo

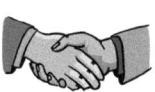

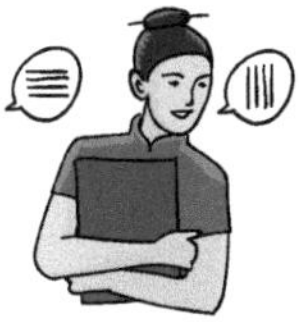

翻譯人員

prevodilac

謝謝

hvala

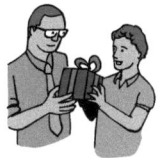

……多少錢？

Koliko košta...?

我不明白

ne razumem

問題

problem

晚上好！

dobro veče!

早上好！

Dobro jutro!

晚安！

Laku noć!

再見

doviđenja

方向

smer

行李

prtljaga

包

torba

背包

ruksak

客人

gost

房間

soba

睡袋

vreća za spavanje

帳篷

šator

旅行資訊
turističke informacije

海灘
plaža

信用卡
kreditna kartica

早餐
doručak

午餐
ručak

晚餐
večera

票
karta za vožnju

電梯
lift

郵票
poštanska markica

邊界
granica

海關
carina

大使館
ambasada

簽證
viza

護照
pasoš

# 交通運送
# transport

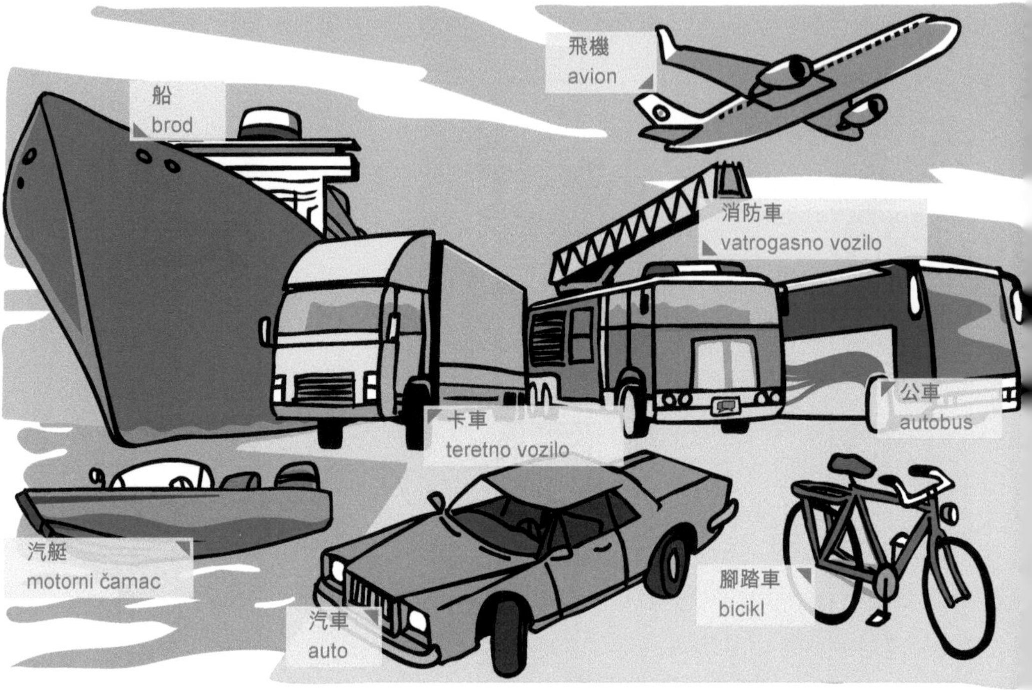
飛機
avion
船
brod
消防車
vatrogasno vozilo
公車
autobus
卡車
teretno vozilo
汽艇
motorni čamac
腳踏車
bicikl
汽車
auto

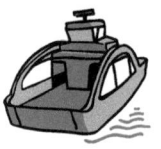

渡輪

trajekt

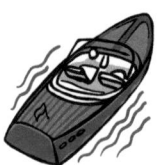

小船

čamac

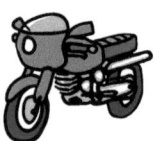

機車

motocikl

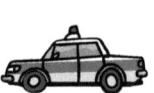

警車

policijski auto

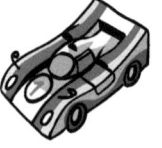

賽車

trkaći auto

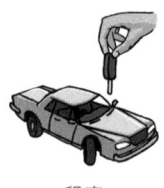

租車

iznajmljeno auto

拼車

delenje automobila

拖車

vučno vozilo

垃圾車

vozilo za odvoz smeća

馬達

motor

汽油

benzin

加油站

benzinska stanica

交通標識

saobraćajni znak

交通

saobraćaj

交通堵塞

zastoj

停車場

parkiralište

火車站

železnička stanica

軌道

šine

火車

voz

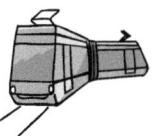

路面電車

tramvaj

客車廂

vagon

直升機

helikopter

機場

aerodrom

塔

kula

乘客

putnik

集裝箱

kontejner

紙板箱

karton

手推車

kolica

籃子

korpa

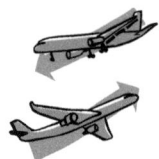

起飛/降落

uzleteti / sleteti

# 城市

## grad

村莊

selo

市中心

centar grada

房子

kuća

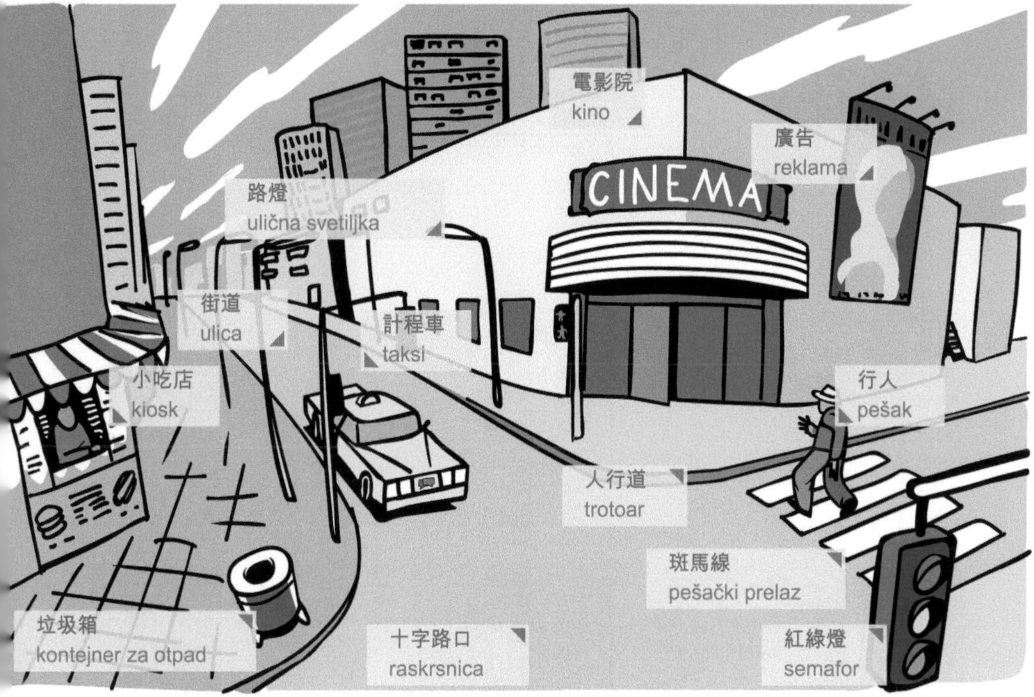
電影院
kino
廣告
reklama
CINEMA
路燈
ulična svetiljka
街道
ulica
計程車
taksi
小吃店
kiosk
行人
pešak
人行道
trotoar
斑馬線
pešački prelaz
垃圾箱
kontejner za otpad
十字路口
raskrsnica
紅綠燈
semafor

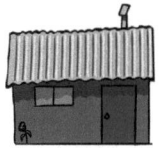

小屋

koliba

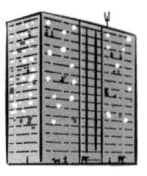

公寓

stan

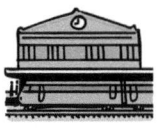

火車站

železnička stanica

市政廳

većnica

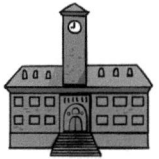

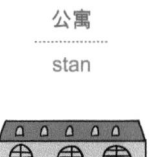

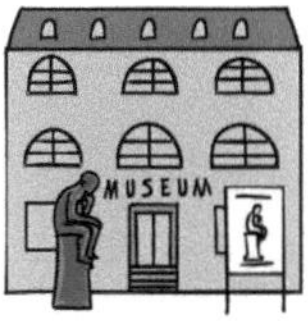
MUSEUM

博物館

muzej

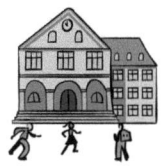

學校

škola

大學

univerzitet

銀行

banka

醫院

bolnica

飯店

hotel

藥房

apoteka

辦公室

kancelarija

書店

knjižara

商店

prodavnica

花店

cvećara

超市

supermarket

市場

trg

百貨商店

robna kuća

魚店

ribarnica

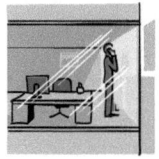

購物中心

trgovački centar

海港

luka

公園
park

長凳
klupa

橋
most

樓梯
stepenice

捷運
podzemna železnica

隧道
tunel

公車站
autobuska stanica

酒吧
bar

餐館
restoran

郵筒
poštansko sanduče

路標
ulični znak

停車計時器
parkirni automat

動物園
zoološki vrt

游泳池
bazen

清真寺
džamija

農場

seosko gazdinstvo

污染

zagađenje okoline

墓地

groblje

教堂

crkva

操場

igralište

寺廟

hram

# 地形
## pejsaž

樹葉
list

指示牌
putokaz

路
put

草地
livada

石頭
kamen

徒步旅行者
šetač

樹
drvo

河
reka

草
trava

花
cvijet

峽谷

dolina

丘陵

planina

湖

jezero

森林

šuma

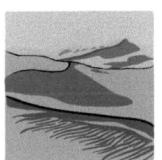

沙漠

pustinja

火山

vulkan

城堡

dvorac

彩虹

duga

蘑菇

gljiva

棕櫚樹

palma

蚊子

moskito

蒼蠅

muva

螞蟻

mrav

蜜蜂

pčela

蜘蛛

pauk

甲蟲

buba

青蛙

žaba

松鼠

veverica

刺蝟

jež

野兔

zec

貓頭鷹

sova

鳥

ptica

天鵝

labud

野豬

divlja svinja

鹿

jelen

麋鹿

los

水壩

nasip

風力發電機

vetrenjača

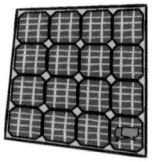

太陽能電池板

solarna ploča

氣候

klima

# 餐館

## restoran

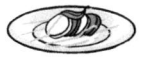

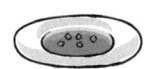

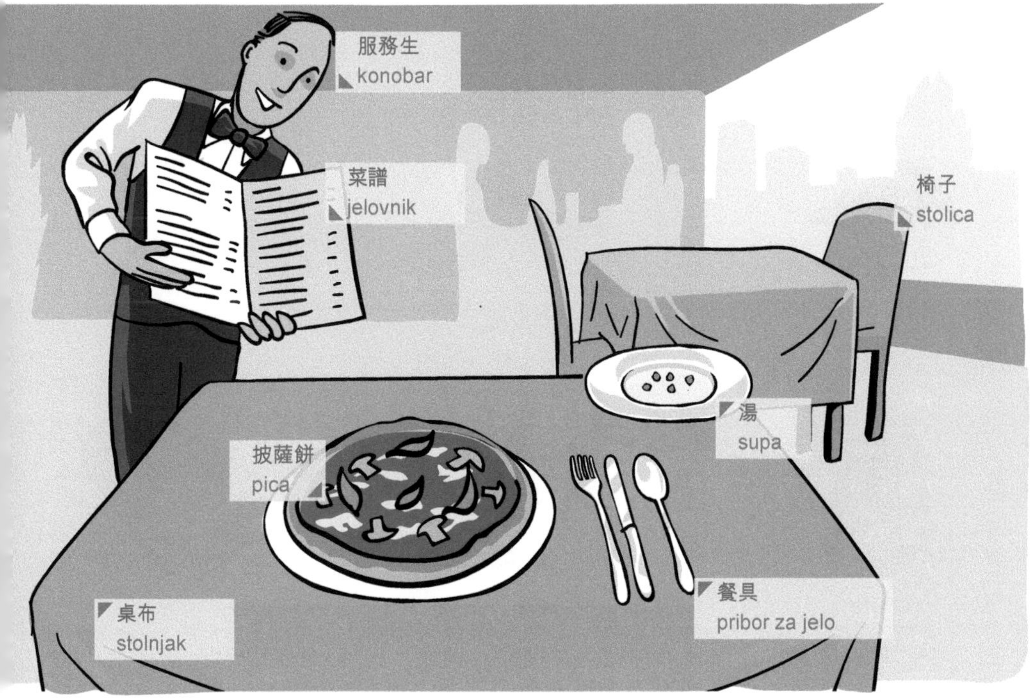

服務生
konobar
菜譜
jelovnik
椅子
stolica
湯
supa
披薩餅
pica
餐具
pribor za jelo
桌布
stolnjak


前菜

predjelo

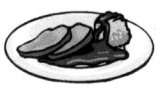

主菜

glavno jelo

甜點

desert

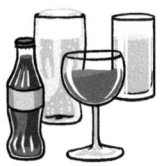

飲料

napitci

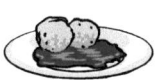

食物

jelo

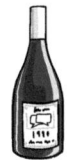

瓶子

flaša

速食
brza hrana

街邊小吃
imbis hrana

茶壺
čajnik

糖盒
doza za šećer

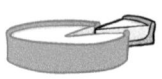

一份飯菜
porcija

義式咖啡機
aparat za espresso

高腳椅
visoka stolica

帳單
račun

托盤
poslužavnik

刀
nož

餐叉
viljuška

勺子
kašika

茶匙
čajna kašika

餐巾
salveta

玻璃杯
čaša

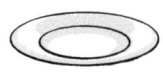

碟子
tanjir

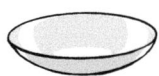

湯盤
tanjir za supu

碟子
tanjirić

醬
sos

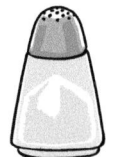

鹽瓶
soljenka

胡椒研磨罐
mlin za biber

醋
sirće

食用油
ulje

調味料
začini

番茄醬
kečap

芥末
senf

美乃滋
majoneza

# 超市

## supermarket

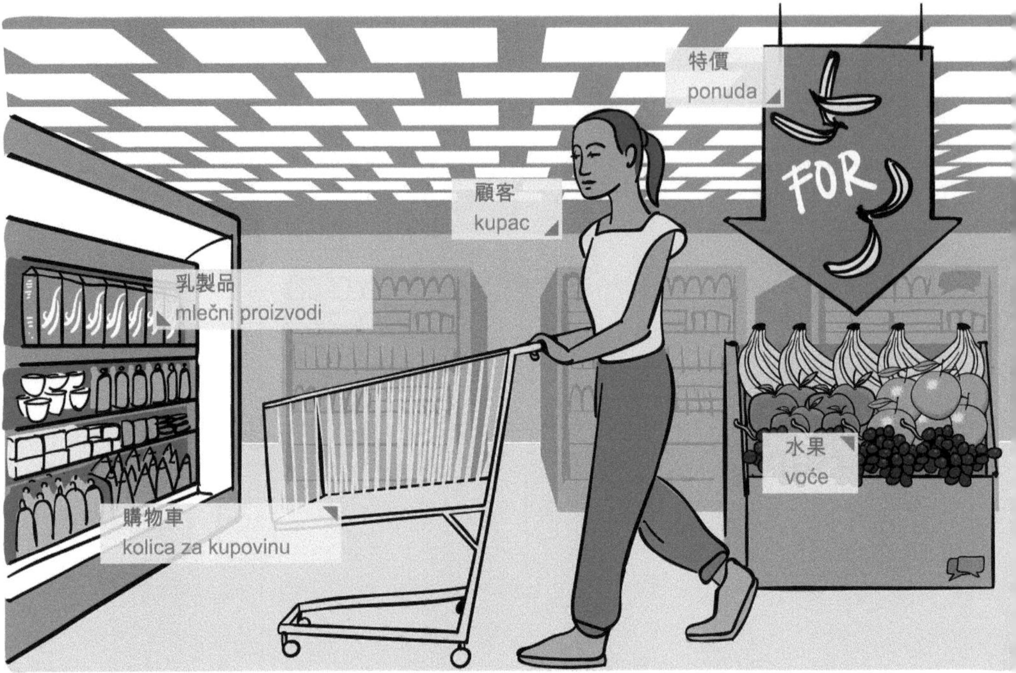

特價
ponuda
FOR
顧客
kupac
乳製品
mlečni proizvodi
水果
voće
購物車
kolica za kupovinu


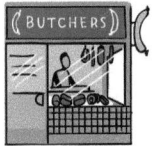

BUTCHERS


肉鋪

mesnica

BAKERY


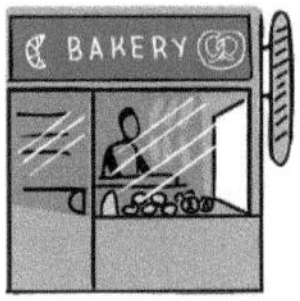

麵包店

pekara

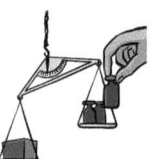

稱重

vagati

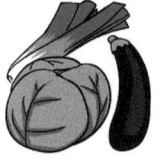

蔬菜

povrće

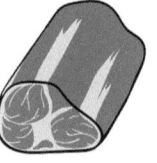

肉

meso

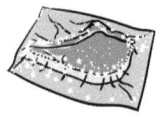

冷凍食品

smrznuta hrana

冷盤

narezak

罐頭食品

konzerve

洗衣粉

sredstvo za pranje

甜食

slatkiši

日用品

artikli za domaćinstvo

清潔用品

sredstva za čišćenje

銷售員

prodavačica

收銀機

blagajna

收銀員

blagajnik

購物清單

lista za kupovinu

開放時間

vreme rada

錢包

novčanik

信用卡

kreditna kartica

袋子

torba

塑膠袋

plastična kesa

水

voda

果汁

sok

牛奶

mleko

可樂

kola

紅酒

vino

啤酒

pivo

酒

alkohol

可可

kakao

茶

čaj

咖啡

kava

義式濃縮咖啡

espresso

卡布奇諾

cappuccino

香蕉

banana

蘋果

jabuka

柳丁

narandža

西瓜

lubenica

檸檬

limun

胡蘿蔔

šargarepa

大蒜

beli luk

竹子

bambus

洋蔥

luk

蘑菇

gljiva

堅果

orašasti plodovi

麵條

rezanci

義大利麵

špagete

米飯

riža

沙拉

salata

薯條

pomfrit

炸馬鈴薯

pečeni krumpir

披薩餅

pica

漢堡

hamburger

三明治

sendvič

炸豬排

šnicla

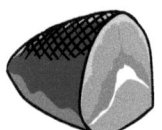

火腿

šunka

義大利臘腸

salama

香腸

kobasica

雞肉

kokoš

烤肉

pečenje

魚

riba

燕麥片

zobene pahuljice

木斯里

musli

玉米片

kukuruzne pahuljice

麵粉

brašno

牛角麵包

kroasan

麵包捲

pecivo

麵包

hleb

吐司

toast

餅乾

keksi

奶油

maslac

凝乳

sveži sir

蛋糕

kolač

蛋

jaje

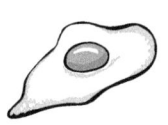

煎蛋

jaje na oko

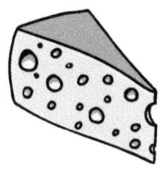

起司

sir

冰淇淋

sladoled

糖

šećer

蜂蜜

med

果醬

marmelada

巧克力醬

nugat krema

咖哩

kari

# 農場
# seosko gazdinstvo

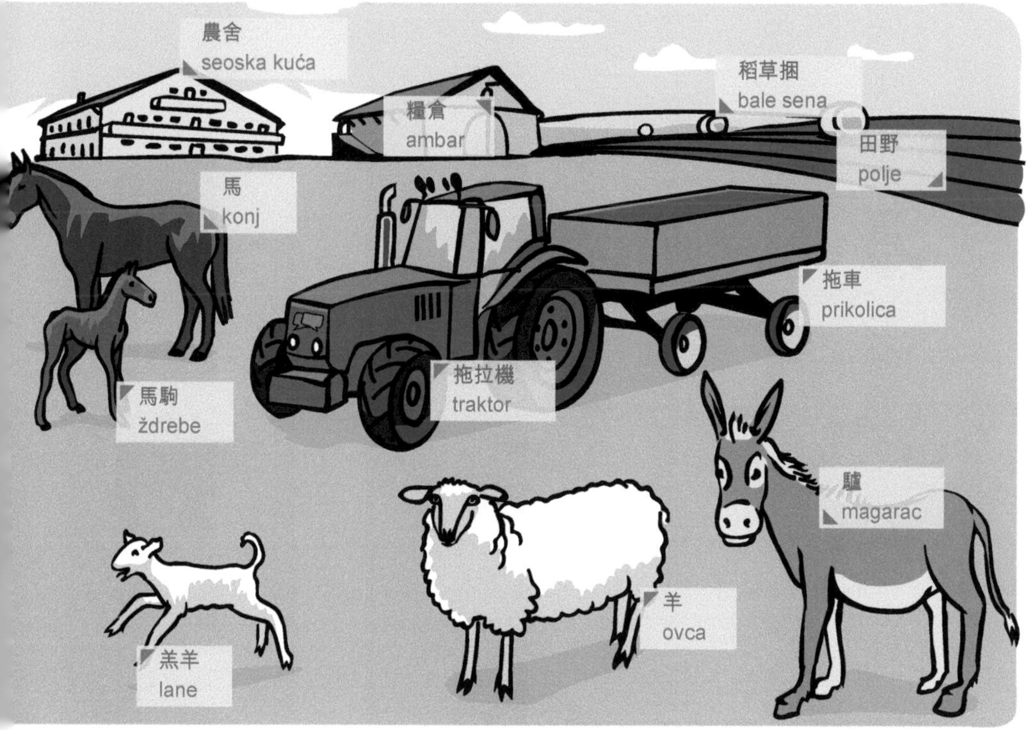
農舍
seoska kuća
糧倉
ambar
稻草捆
bale sena
田野
polje
馬
konj
拖車
prikolica
馬駒
ždrebe
拖拉機
traktor
驢
magarac
羊
ovca
羔羊
lane

山羊

koza

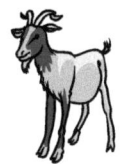

奶牛

krava

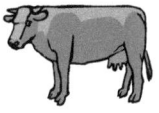

小牛

tele

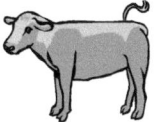

豬

svinja

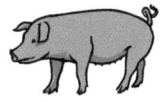

小豬

prase

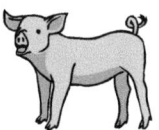

公牛

bik

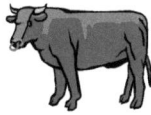

鵝

guska

鴨

patka

小雞

pilići

母雞

kokoš

公雞

petao

鼠

pacov

貓

mačka

老鼠

miš

牛

vol

狗

pas

狗屋

kućica za psa

花園澆水軟管

vrtno crevo

澆水壺

kanta za polivanje

長柄大鐮刀

kosa

犁

plug

鐮刀

srp

鋤頭

motika

長柄草耙

viljuška za đubrivo

斧頭

sekira

獨輪手推車

tačke

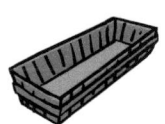

飼料槽

korito

牛奶罐

posuda za mleko

麻布袋

vreća

柵欄

ograda

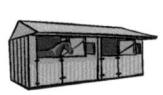

馬廄

štala

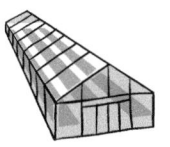

溫室

staklenik

土壤

zemlja

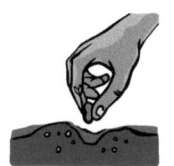

種子

seme

肥料

đubrivo

聯合收割機

kombajn

收割
žeti

收割
žetva

地瓜
jams začin

小麥
pšenica

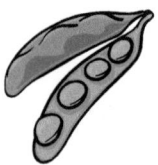

大豆
soja

土豆
krumpir

玉米
kukuruz

油菜籽
uljana repica

果樹
voćka

樹薯
gomolj manioke

穀物
žitarice

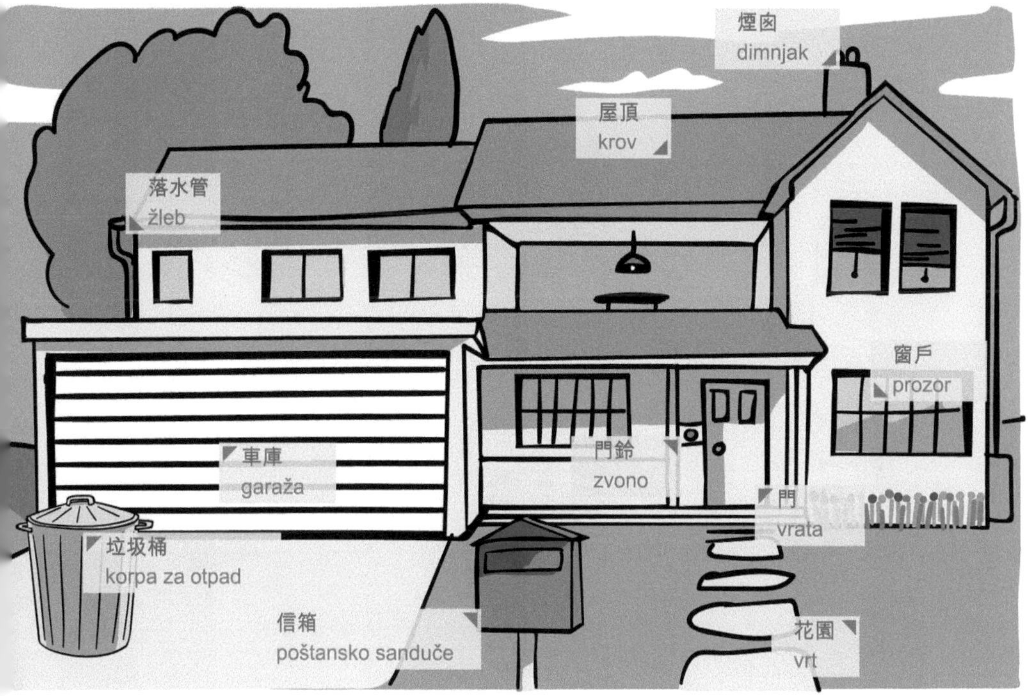

煙囪
dimnjak

屋頂
krov

落水管
žleb

窗戶
prozor

車庫
garaža

門鈴
zvono

門
vrata

垃圾桶
korpa za otpad

信箱
poštansko sanduče

花園
vrt

**客廳**
dnevna soba

**浴室**
kupaonica

**廚房**
kuhinja

**臥室**
spavaća soba

**兒童房**
dečija soba

**餐廳**
trpezarija

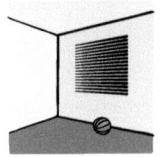

地板

pod

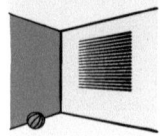

牆壁

zid

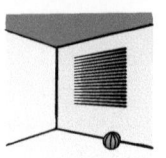

天花板

strop

地窖

podrum

三溫暖

sauna

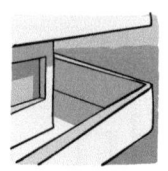

陽臺

balkon

露臺

terasa

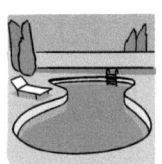

游泳池

bazen

割草機

kosilica za travu

被單

posteljina za krevet

床罩

deka za krevet

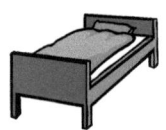

床

krevet

掃帚

metla

水桶

kanta

開關

prekidač

# 客廳

## dnevna soba

壁紙
tapeta
相片
slika
檯燈
svetiljka
擱架
regal
櫥櫃
ormar
電視
televizija
壁爐
kamin
花
cvijet
墊子
jastuk
沙發
kauč
花瓶
vaza
遙控器
daljinski upravljač


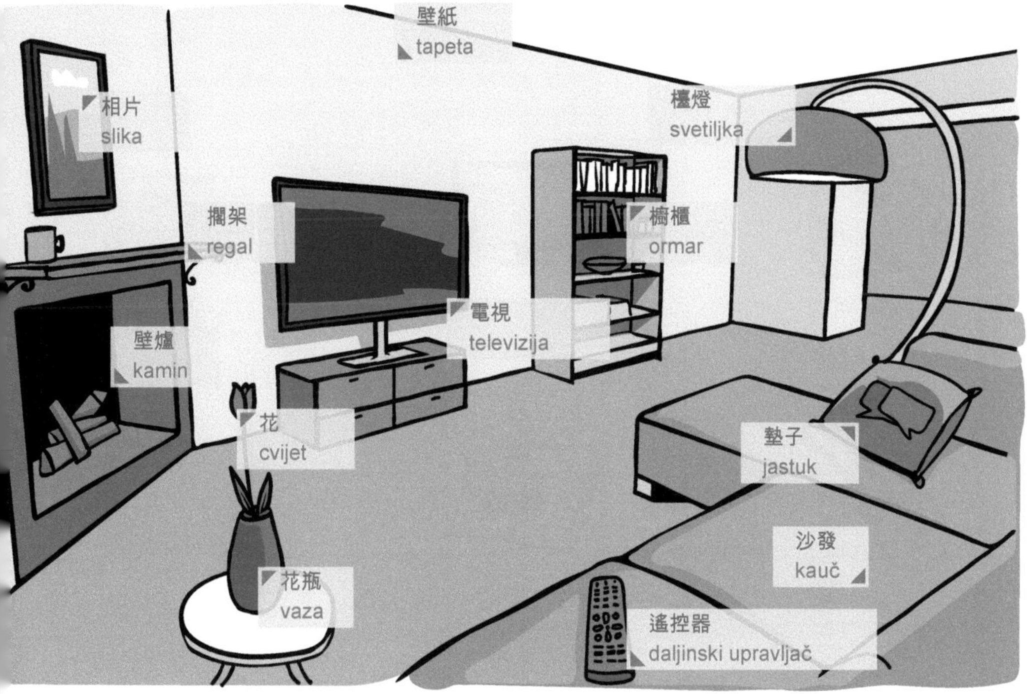

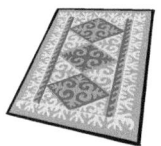

地毯

tepih

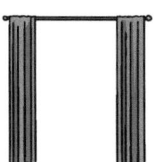

窗簾

zavesa

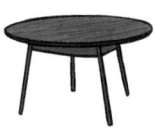

餐桌

sto

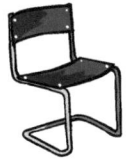

椅子

stolica

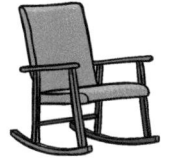

搖椅

stolica za njihanje

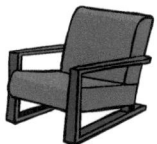

扶手椅

fotelja

書
knjiga

毯子
deka

裝飾品
dekoracija

木柴
drvo za ogrev

電影
film

高傳真音響
hi-fi uređaj

鑰匙
ključ

報紙
novine

油畫
slika na platnu

海報
poster

收音機
radio

筆記本
blok za pisanje

吸塵器
usisivač

仙人掌
kaktus

蠟燭
sveća

# 廚房
## kuhinja

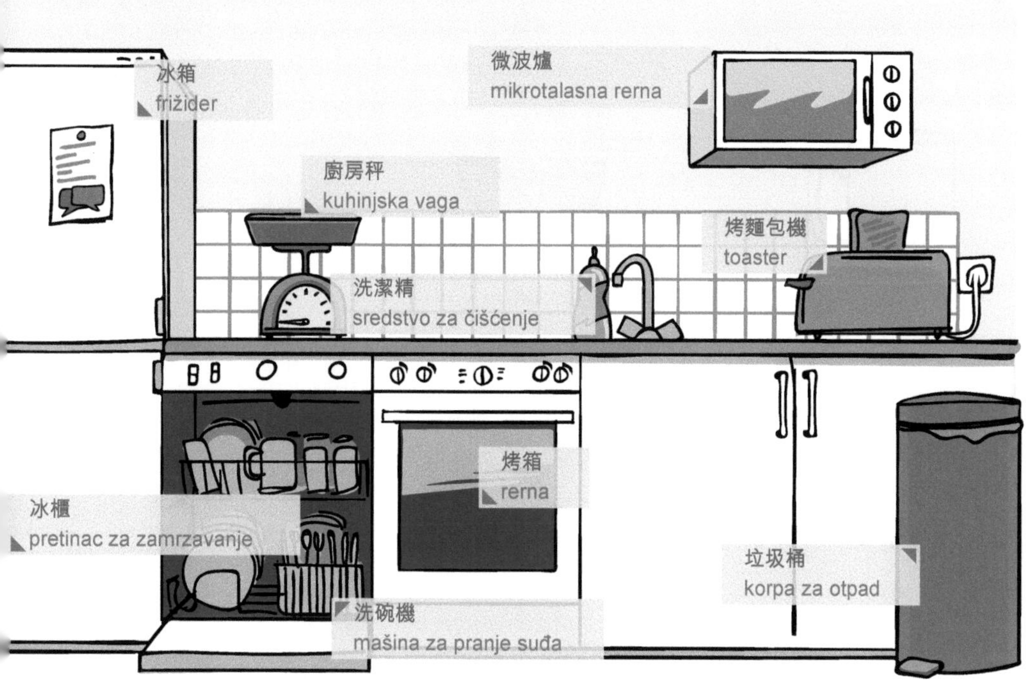
冰箱
frižider
微波爐
mikrotalasna rerna
廚房秤
kuhinjska vaga
烤麵包機
toaster
洗潔精
sredstvo za čišćenje
烤箱
rerna
冰櫃
pretinac za zamrzavanje
垃圾桶
korpa za otpad
洗碗機
mašina za pranje suđa

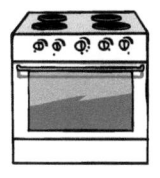

炊具
šporet

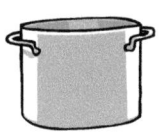

鍋
lonac

鑄鐵鍋
gvozdeni lonac

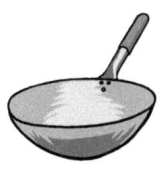

炒鍋
wok / kadai

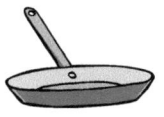

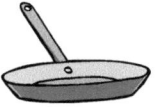

平底鍋
tava

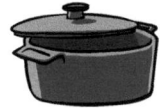

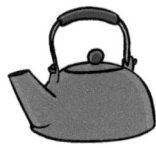

水壺
kuvalo za vodu

蒸鍋

kuvalo na paru

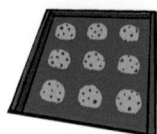

烤盤

lim za pečenje

陶瓷鍋

posuđe

馬克杯

čaša

碗

posuda

筷子

štapići za jelo

長柄勺

kutlača

鏟子

lopatica

攪拌器

penjača

濾網

sito za kuvanje

篩子

sito

磨碎機

ribež

研缽

mužar

燒烤

roštilj

明火

ognjište

菜板
daska

擀麵杖
oklagija

開瓶器
vadičep

罐子
konzerva

開罐器
otvarač konzervi

隔熱手套
krpa za lonac

水槽
sudoper

刷子
četka

海綿
sunđer

攪拌機
mikser

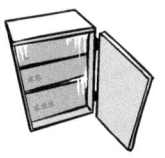

冷藏箱
zamrzivač

奶瓶
flašica za bebe

水龍頭
slavina za vodu

# 浴室
# kupaonica

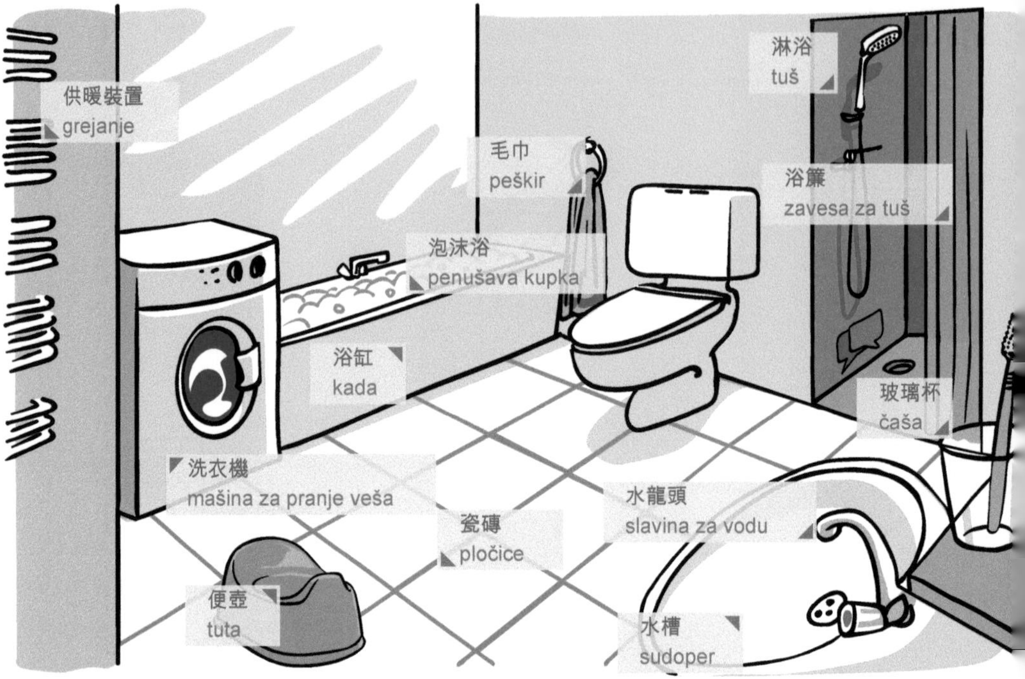

供暖裝置
grejanje
毛巾
peškir
淋浴
tuš
浴簾
zavesa za tuš
泡沫浴
penušava kupka
浴缸
kada
玻璃杯
čaša
洗衣機
mašina za pranje veša
水龍頭
slavina za vodu
瓷磚
pločice
便壺
tuta
水槽
sudoper


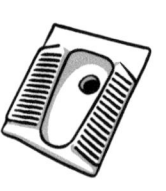

廁所

toalet

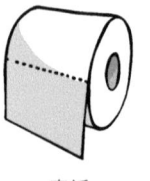

蹲便器

čučavac

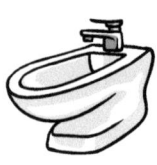

坐浴器

bidet

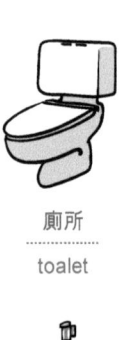

小便斗

pisoar

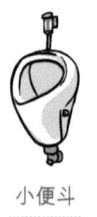

廁紙

toaletni papir

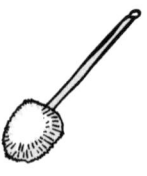

馬桶刷

četka za toalet

牙刷

četkica za zube

牙膏

pasta za zube

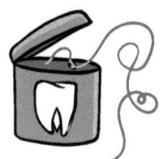

牙線

konac za zube

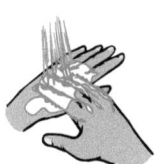

洗

prati

手持式蓮蓬頭

tuš ručica

沖洗器

tuš za pranje intimnih delova

洗臉盆

lavor

洗背刷

četka za pranje leđa

肥皂

sapun

沐浴露

gel za tuširanje

洗髮乳

šampon

法蘭絨

krpa za pranje

排水

odvod

乳霜

krema

除臭劑

dezodorans

鏡子

ogledalo

手鏡

kozmetičko ogledalo

刮鬍刀

brijač

刮鬍泡沫

pena za brijanje

鬍後水

losion za posle brijanja

梳子

češalj

刷子

četka

吹風機

fen za kosu

噴髮定型劑

sprej za kosu

化妝品

makeup

唇膏

ruž za usne

指甲油

lak za nokte

化妝棉

vata

指甲剪

makaze za nokte

香水

parfem

洗漱包

kozmetička torbica

凳子

stolica

計重秤

vaga

浴袍

ogrtač

橡膠手套

rukavice za čišćenje

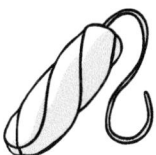

衛生棉條

tampon

衛生棉

uložak

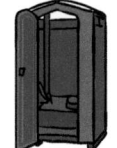

化學廁所

hemijski toalet

# 兒童房
# dečija soba

鬧鐘
budilnik
毛絨玩具
plišana igračka
玩具車
auto igračka
撥浪鼓
zvečka
玩具屋
kućica za lutke
禮物
poklon

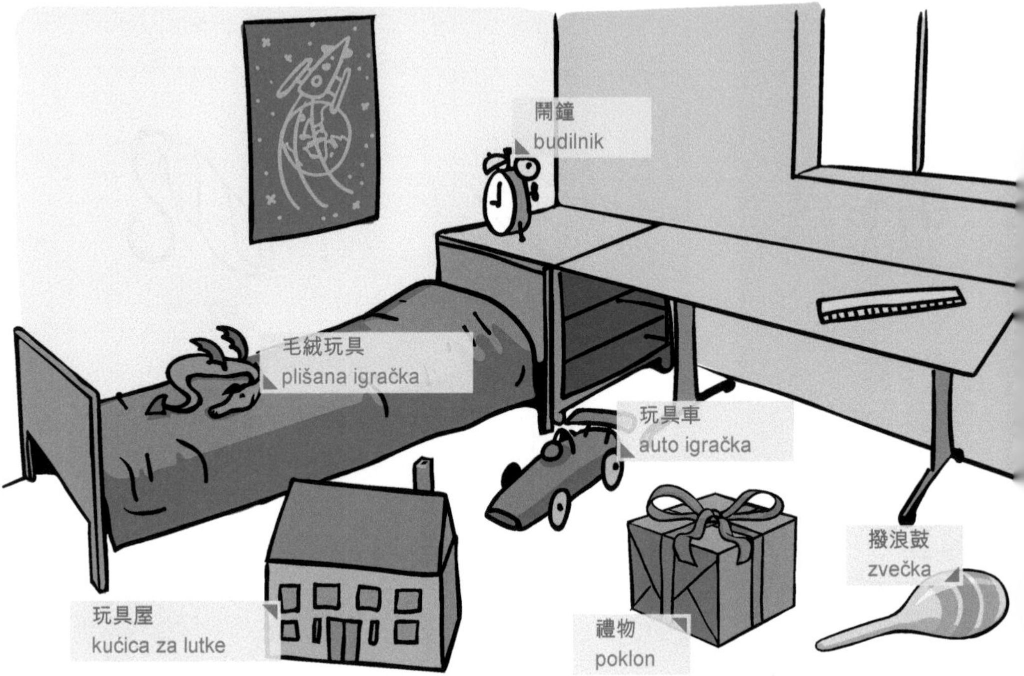

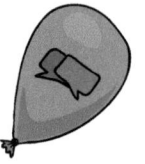

氣球
balon

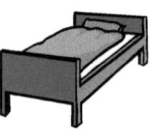

床
krevet

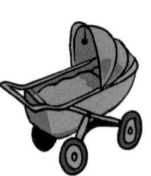

嬰兒車
dječija kolica

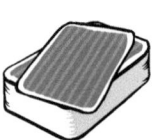

撲克牌
igra s kartama

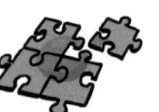

拼圖
slagalica

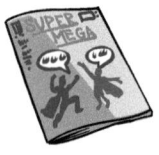

漫畫
strip

樂高積木

lego kockice

積木玩具

kockice za slaganje

公仔

akcioni junak

嬰兒服

benkica za bebe

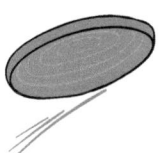

飛盤

frizbi

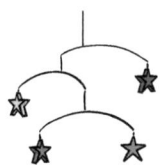

床鈴玩具

viseće igračke

棋盤遊戲

društvene igre

骰子

kocka

火車模型

minijaturna željeznica

安撫奶嘴

duda

派對

zabava

繪本

slikovnica

球

lopta

洋娃娃

lutka

玩

igrati

沙坑

pješčanik

鞦韆

ljuljačka

玩具

igračka

電玩遊戲

konzola za igre

三輪車

tricikl

泰迪熊

tedi

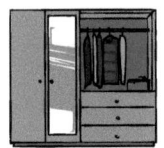

衣櫃

ormar

## 衣服

## odeća

襪子

kratke čarape

長襪

čarape

緊身褲

hulahopke

圍巾
šal

雨傘
kišobran

皮帶
kaiš

T恤
majica

運動鞋
patike

靴子
čizme

拖鞋
papuče

涼鞋
sandale

鞋
cipele

雨靴
gumene čizme

內褲
gaćice

胸罩
grudnjak

背心
potkošulja

身體

bodi

褲子

pantalone

牛仔褲

farmerke

短裙

suknja

女式襯衫

bluza

襯衫

košulja

套頭衫

džemper

連帽上衣

džemper s kapuljačom

西裝夾克

sako

夾克

jakna

外套

kaput

雨衣

kabanica

套裝

kostim

連衣裙

haljina

婚紗

venčanica

西裝
odelo

睡袍
spavaćica

睡衣
pidžama

莎麗
sari

頭巾
marama za glavu

包頭巾
turban

波卡
burka

卡夫坦
kaftan

(阿拉伯式)長袍
abaja

泳衣
kupaći kostim

男式泳褲
kupaće gaćice

短褲
kratke pantalone

運動服
odeća za trening

圍裙
kecelja

手套
rukavice


衣服 - odeća

鈕扣

dugme

眼鏡

naočare

手鏈

narukvica

項鍊

ogrlica

戒指

prsten

耳環

naušnica

便帽

kapa

衣架

vešalica

帽子

šešir

領帶

kravata

拉鍊

patent zatvarač

安全帽

kaciga

背帶

naramenice

校服

školska uniforma

制服

uniforma

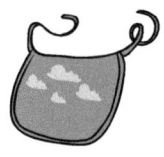

圍兜

podbradak

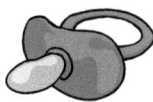

安撫奶嘴

duda

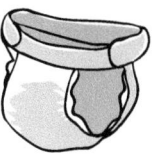

尿布

pelena

# 辦公室
# kancelarija

伺服器
server
檔案櫃
ormar za spise
印表機
štampač
紙
papir
螢幕
monitor
滑鼠
miš
辦公桌
pisaći stol
資料夾
mapa
鍵盤
tastatura
廢紙簍
košara za papir
電腦
kompjuter
椅子
stolica

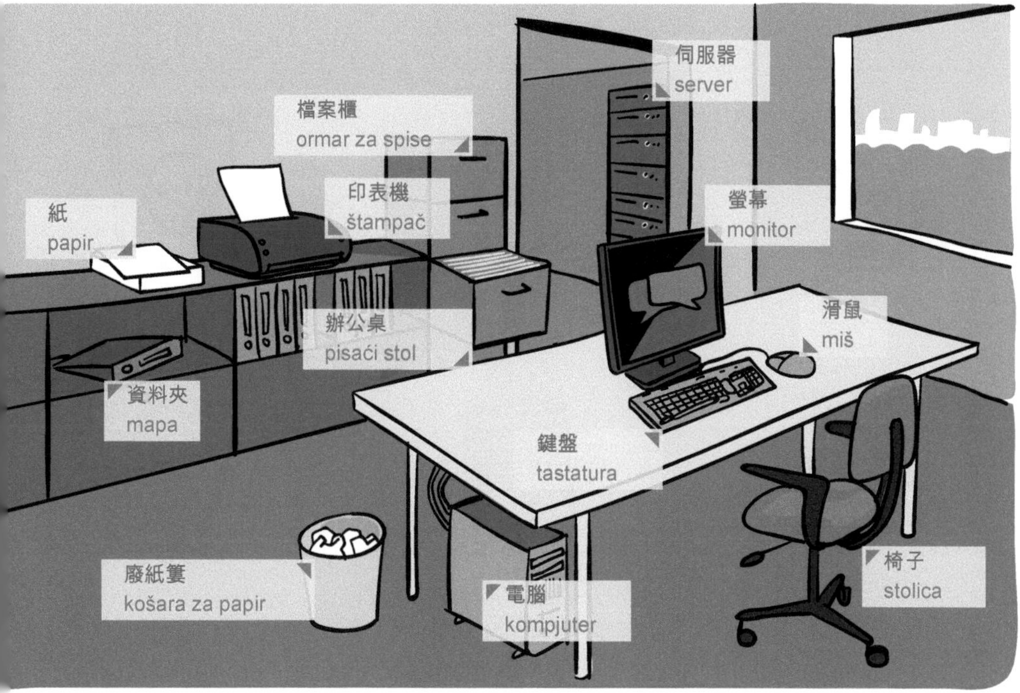

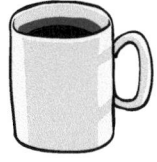

咖啡杯

šalica za kavu

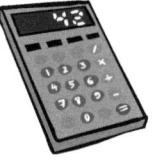

計算機

kalkulator

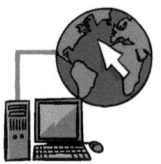

網際網路

internet

**筆記型電腦**

laptop

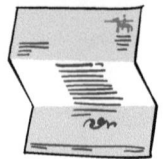

**信件**

pismo

**簡訊**

poruka

**行動電話**

mobilni telefon

**網路**

mreža

**影印機**

uređaj za kopiranje

**軟體**

softver

**電話**

telefon

**插座**

utičnica

**傳真機**

faks

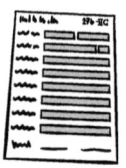

**表格**

formular

**檔案**

dokument

買

kupovati

付錢

platiti

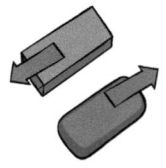

交易

trgovati

現金

novac

美元

dolar

歐元

evro

日元

jen

盧布

rublja

瑞士法郎

švajcarski franak

人民幣

renmindbi juan

盧比

rupija

提款處

automat za novac

外幣兌換處

menjačnica

金

zlato

銀

srebro

石油

nafta

能源

energija

價格

cena

合約

ugovor

稅金

porez

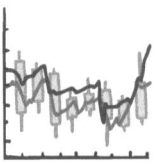

股票

deonica

工作

raditi

職員

službenik

老闆

poslodavac

工廠

fabrika

商店

prodavnica

警官
policajc

消防員
vatrogasac

廚師
kuvar

醫師
lekar

飛行員
pilot

園丁

vrtlar

木匠

stolar

裁縫

krojačica

法官

sudija

化學家

hemičar

演員

glumac

公車司機

vozač autobusa

計程車司機

vozač taksija

漁夫

ribar

清洗女工

čistačica

屋頂工

krovopokrivač

服務生

konobar

獵人

lovac

畫家

slikar

麵包師

pekar

電工

električar

建築工人

građevinski radnik

工程師

inženjer

屠夫

mesar

水管工

limar

郵差

poštar

士兵

vojnik

建築師

arhitekta

收銀員

blagajnik

花農

cvećar

理髮師

frizer

售票員

kondukter

機械技師

mehaničar

船長

kapetan

牙醫

zubar

科學家

naučnik

拉比

rabi

伊瑪目

imam

和尚

monah

牧師

svećenik

# 工具

## alati

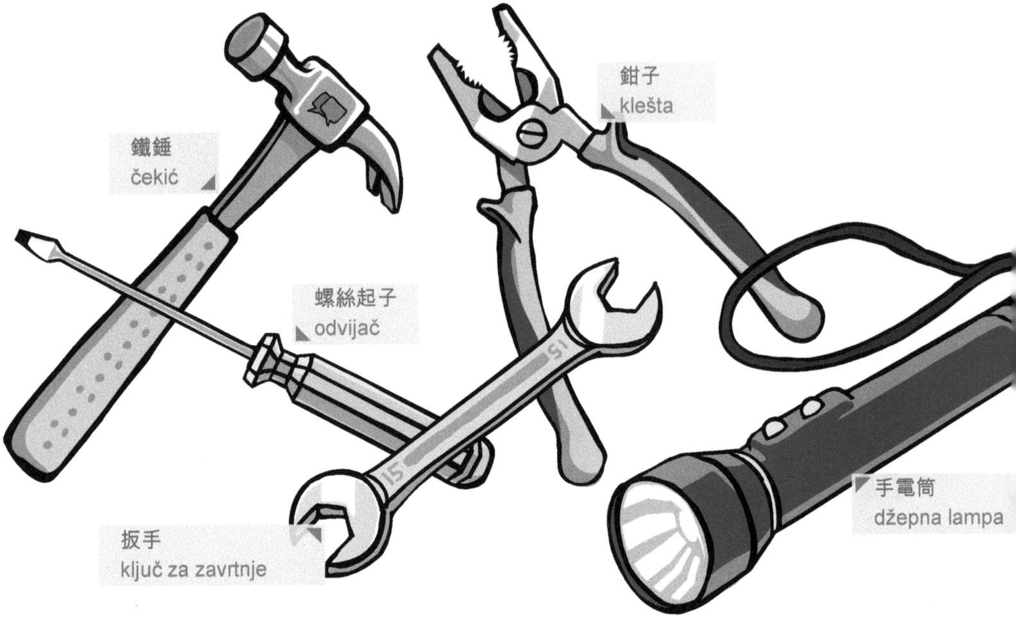
鐵錘
čekić
鉗子
klešta
螺絲起子
odvijač
扳手
ključ za zavrtnje
手電筒
džepna lampa

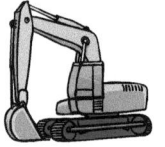

挖掘機

bager

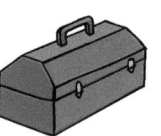

工具箱

kutija za alat

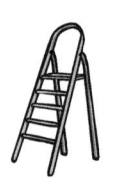

梯子

merdevine

鋸子

pila

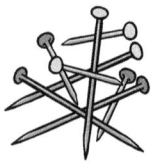

釘子

ekser

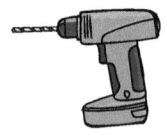

鑽機

bušilica

修
popraviti

鏟子
lopata

糟糕！
do đavola!

畚箕
lopatica

油漆桶
lonac za boju

螺絲
zavrtanji

# 樂器
## muzički instrument

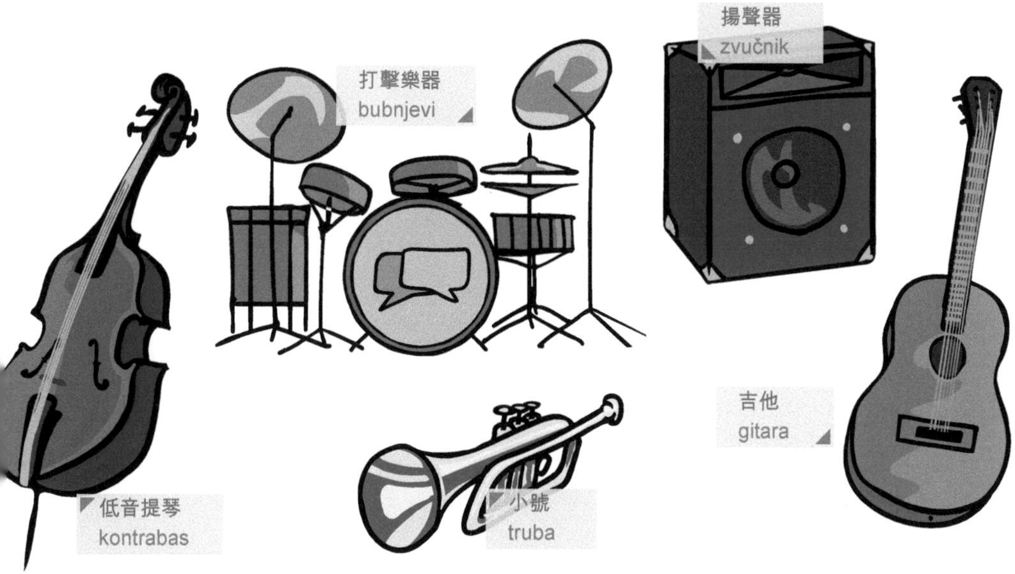

揚聲器
zvučnik

打擊樂器
bubnjevi

吉他
gitara

低音提琴
kontrabas

小號
truba

鋼琴

klavir

小提琴

violina

貝斯

bas

定音鼓

timpani

鼓

udaraljke za bubnjeve

電子琴

tipke klavira

薩克斯風

saksofon

長笛

flauta

麥克風

mikrofon

# 動物園

## zoološki vrt

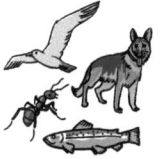

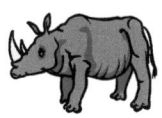

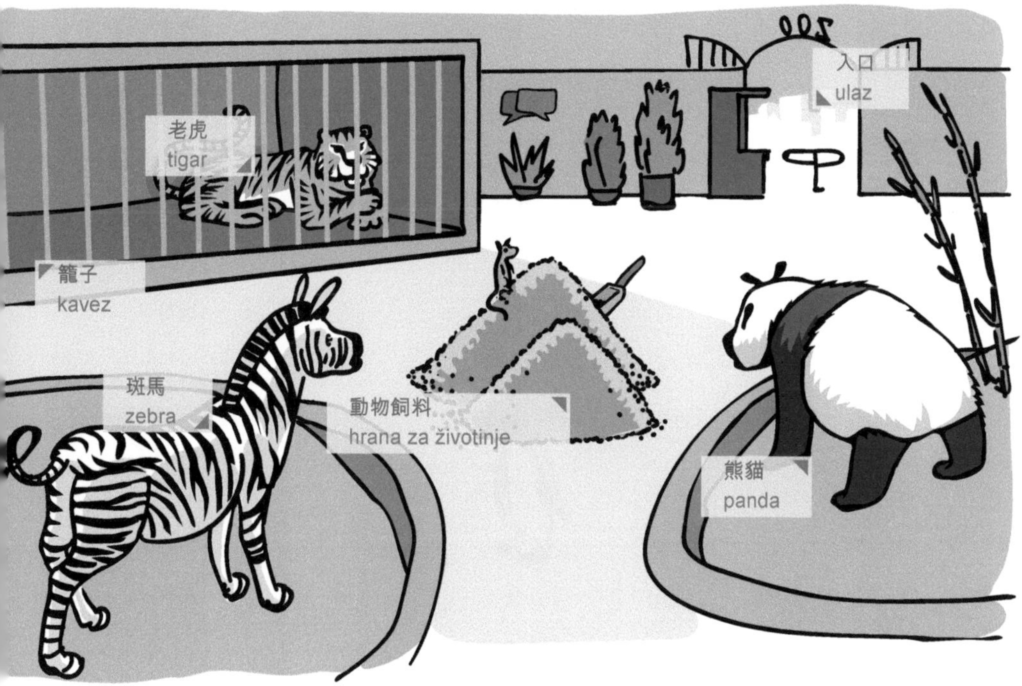

入口
ulaz
老虎
tigar
籠子
kavez
斑馬
zebra
動物飼料
hrana za životinje
熊貓
panda


動物

životinje

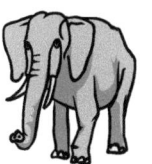

大象

slon

袋鼠

kengur

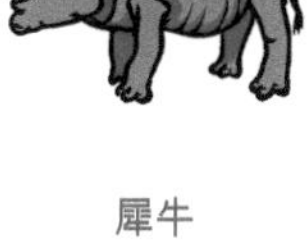

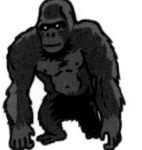

犀牛

nosorog

大猩猩

gorila

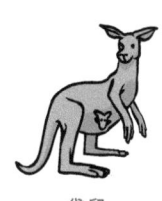

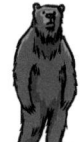

熊

medved

駱駝

kamila

鴕鳥

noj

獅子

lav

猴子

majmun

紅鶴

flamingo

鸚鵡

papagaj

北極熊

polarni medved

企鵝

pingvin

鯊魚

ajkula

孔雀

paun

蛇

zmija

鱷魚

krokodil

動物園管理員

čuvar u zoološkom vrtu

海豹

tuljan

美洲豹

jaguar

矮種馬

poni

豹

leopard

河馬

nilski konj

長頸鹿

žirafa

老鷹

orao

野豬

divlja svinja

魚

riba

龜

kornjača

海象

morž

狐狸

lisica

羚羊

gazela

橄欖球
američki nogomet

騎腳踏車
biciklizam

網球
tenis

籃球
košarka

游泳
plivanje

拳擊
boks

冰球
hokej na ledu

美式足球
fudbal

羽毛球
badminton

田徑
atletika

手球
rukomet

滑雪
skijanje

馬球
polo

跳
skočiti

擁抱
zagrliti

笑
smejati se

走路
ići

唱
pevati

做夢
sanjati

祈禱
moliti se

親吻
poljubiti

書寫
pisati

畫
crtati

展示
pokazati

推
gurati

給
dati

拿
uzeti

有
imati

做
činiti

當
biti

站
stojati

跑
trčati

拉
povlačiti

丟
baciti

摔倒
padati

躺
ležati

等待
čekati

攜帶
nositi

坐
sediti

穿衣
oblačiti

睡覺
spavati

醒來
probuditi se

看
gledati

哭
plakati

擊
milovati

梳頭
češljati

交談
govoriti

明白
razumeti

問
pitati

聽
slušati

喝
piti

吃
jesti

清理
pospremiti

愛
voleti

做飯
kuhati

開車
voziti

飛
leteti

航行

ploviti

計算

računati

讀

čitati

學習

učiti

工作

raditi

結婚

venčati se

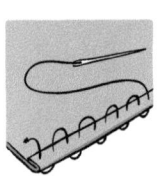

縫

šiti

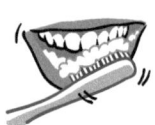

刷牙

prati zube

殺

ubiti

抽菸

pušiti

寄

poslati

祖母
baka

嬰兒
beba

祖父
deda

母親
majka

父親
otac

女兒
kćerka

兒子
sin

客人
gost

阿姨
tetka

叔叔
ujak, stric

兄弟
brat

姐妹
sestra

# 身體

## telo

前額
čelo
眼睛
oko
肩膀
rame
手指
prst
臉
lice
下巴
brada
手
ruka
腿
noga
乳房
grudi
手臂
ruka


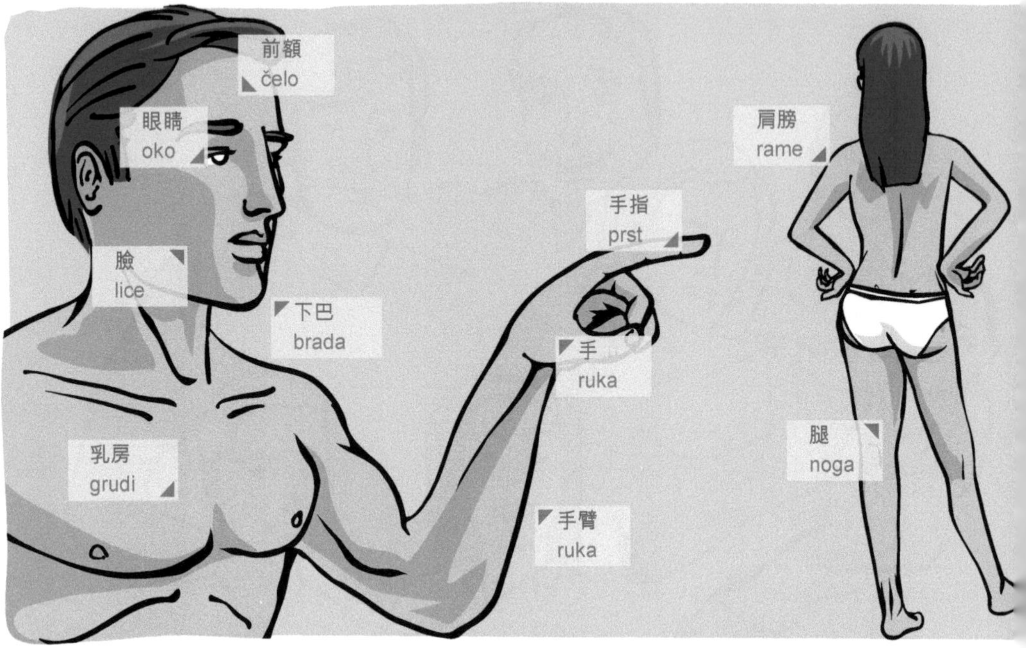

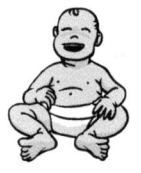

嬰兒

beba

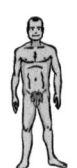

男人

muškarac

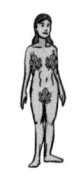

女人

žena

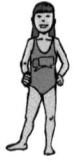

女孩

devojčica

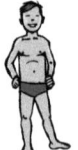

男孩

dečak

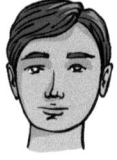

頭

glava

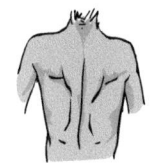

背部

leđa

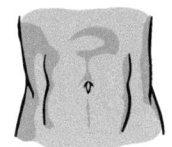

肚子

stomak

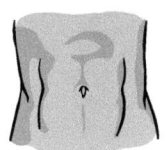

肚臍

pupak

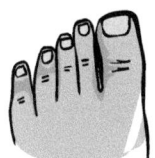

腳趾

nožni prst

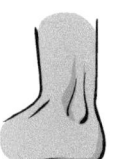

腳後跟

peta

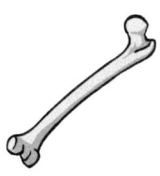

骨頭

kost

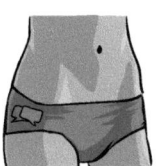

臀部

kukovi

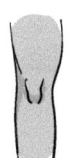

膝蓋

koleno

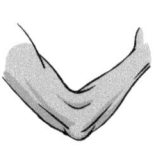

手肘

lakat

鼻子

nos

屁股

zadnjica

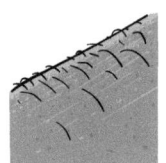

皮膚

koža

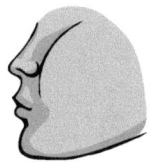

臉頰

obraz

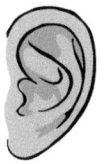

耳朵

uvo

嘴唇

usna

嘴

usta

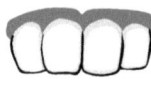

牙齒

zub

舌頭

jezik

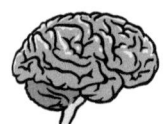

腦

mozak

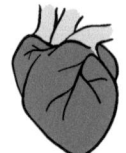

心臟

srce

肌肉

mišić

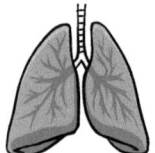

肺

pluća

肝臟

jetra

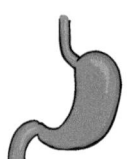

胃

želudac

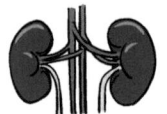

腎臟

bubrezi

性交

polni odnos

保險套

kondom

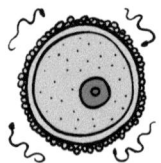

卵子

jajna ćelija

精子

sperma

懷孕

trudnoća

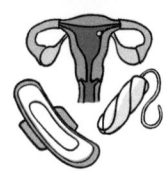

月事

menstruacija

陰道

vagina

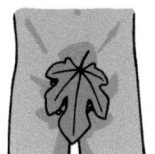

陰莖

penis

眉毛

obrva

頭髮

kosa

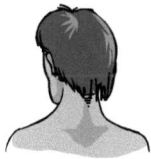

脖子

vrat

# 醫院
# bolnica

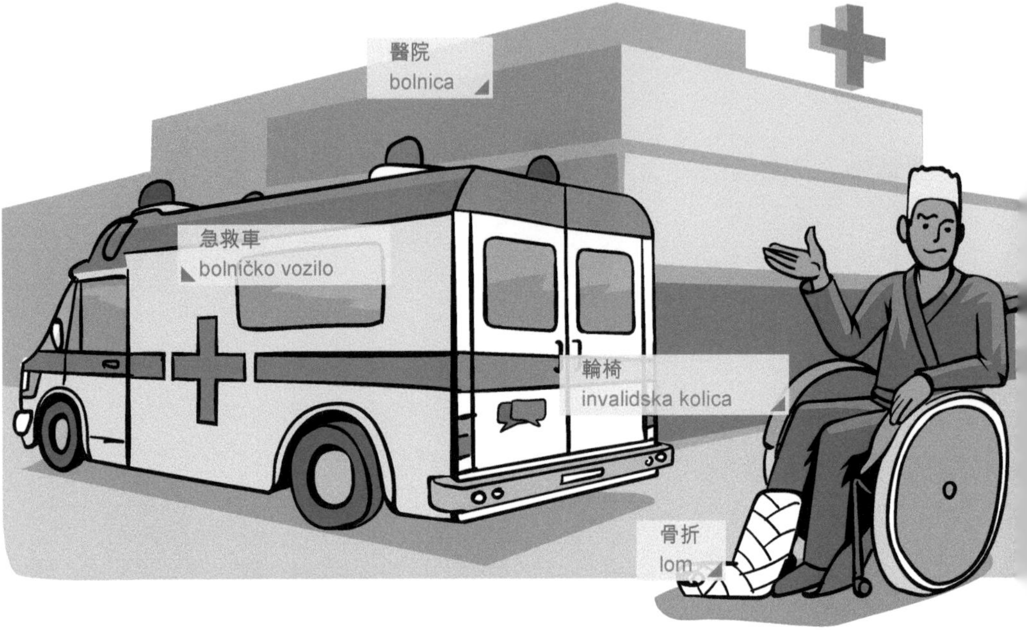

醫院
bolnica
急救車
bolničko vozilo
輪椅
invalidska kolica
骨折
lom

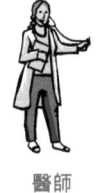

醫師

lekar

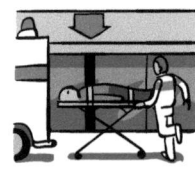

急診室

hitna medicinska služba

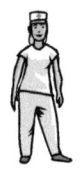

護理師

medicinska sestra

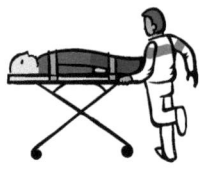

緊急情形

hitni slučaj

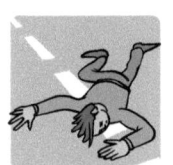

昏迷

nesvest

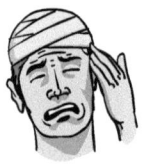

痛

bol

受傷

povreda

出血

krvarenje

心臟病發作

srčani udar

中風

udar

過敏

alergija

咳嗽

kašalj

發燒

groznica

流感

gripa

腹瀉

proliv

頭痛

glavobolja

癌症

rak

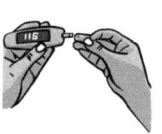

糖尿病

dijabetes

外科醫師

hirurg

手術刀

skalpel

手術

operacija

電腦斷層掃描
ct

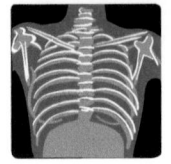

X光
rentgen

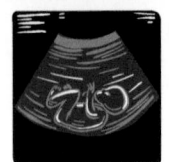

超音波
ultrazvuk

口罩
maska

疾病
bolest

候診室
čekaona

拐杖
štaka

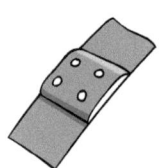

石膏
flaster

繃帶
zavoj

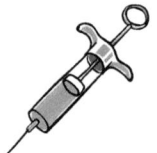

注射
injekcija

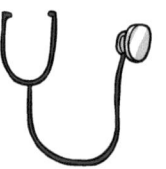

聽診器
stetoskop

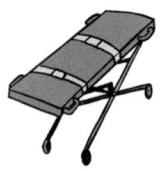

擔架
nosila

體溫計
termometar

出生
rođenje

超重
prekomerna težina

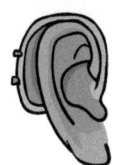

助聽器

slušni aparat

消毒液

sredstvo za dezinfekciju

感染

infekcija

病毒

virus

愛滋病

HIV / AIDS

藥物

medicina

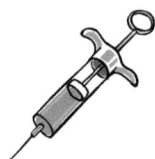

接種疫苗

vakcinacija

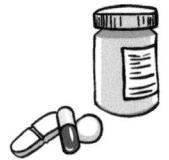

藥片

tablete

藥丸

pilula

急救電話

hitni poziv

血壓計

uređaj za merenje pritiska

生病/健康

bolesno / zdravo

救命！

pomoć!

警報

alarm

突擊

nasrtaj

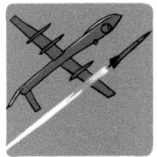

攻擊

napad

危險

opasnost

緊急出口

izlaz u slučaju nužde

失火了！

požar!

滅火器

protivpožarni aparat

意外

nezgoda

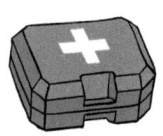

急救箱

kutija prve pomoći

呼救訊號

sos

員警

policija

歐洲

Evropa

北美洲

Severna Amerika

南美洲

Južna Amerika

非洲

Afrika

亞洲

Azija

澳洲

Australija

大西洋

Atlantik

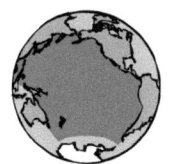

太平洋

Pacifik

印度洋

Indijski okean

南冰洋

Antarktički okean

北冰洋

Arktički ocean

北極

Severni pol

南極
Južni pol

南極洲
Antarktik

地球
zemlja

陸地
zemlja

海
more

島
otok

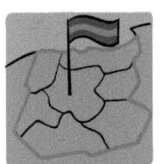

國家
nacija

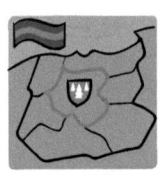

州
država

錶盤

brojčanik sata

時針

satna kazaljka

分針

minutna kazaljka

秒針

sekundna kazaljka

現在幾點？

Koliko je sati?

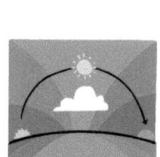

天

dan

時間

vreme

現在

sada

電子錶

digitalni sat

分

minuta

時

čas

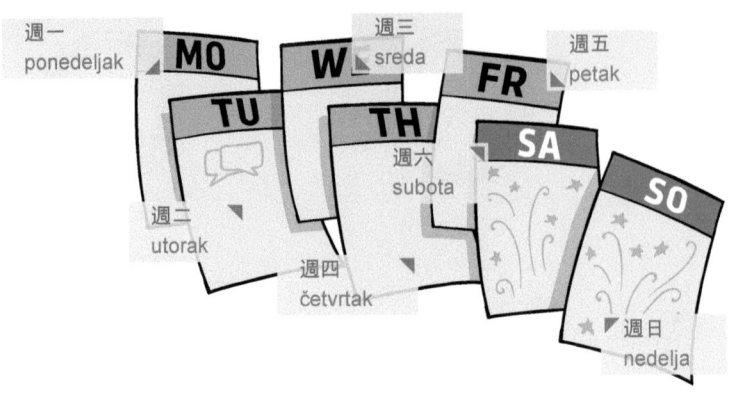

週一 ponedeljak
週三 sreda
週五 petak
週二 utorak
週四 četvrtak
週六 subota
週日 nedelja

昨天
.....
juče

今天
.....
danas

明天
.....
sutra

早晨
.....
jutro

中午
.....
podne

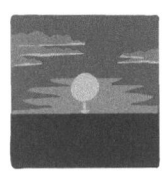

晚上
.....
veče

| MO | TU | WE | TH | FR | SA | SU |
|----|----|----|----|----|----|----|
| 1 | 2 | 3 | 4 | 5 | 6 | 7 |
| 8 | 9 | 10 | 11 | 12 | 13 | 14 |
| 15 | 16 | 17 | 18 | 19 | 20 | 21 |
| 22 | 23 | 24 | 25 | 26 | 27 | 28 |
| 29 | 30 | 31 | 1 | 2 | 3 | 4 |

工作日
.....
radni dani

| MO | TU | WE | TH | FR | SA | SU |
|----|----|----|----|----|----|----|
| 1 | 2 | 3 | 4 | 5 | 6 | 7 |
| 8 | 9 | 10 | 11 | 12 | 13 | 14 |
| 15 | 16 | 17 | 18 | 19 | 20 | 21 |
| 22 | 23 | 24 | 25 | 26 | 27 | 28 |
| 29 | 30 | 31 | 1 | 2 | 3 | 4 |

週末
.....
vikend

雨
▶ kiša

彩虹
▶ duga

雪
▶ sneg

風
vetar

春
proleće

秋
▶ jesen

夏
leto

冬
zima

天氣預告
meteorološka prognoza

溫度計
termometar

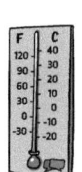

陽光
sunčana svetlost

雲
oblak

霧
magla

潮濕
vlažnost vazduha

閃電

munja

打雷

grmljavina

風暴

oluja

冰雹

tuča

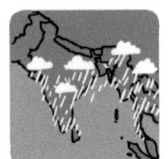

季風

monsun

洪水

poplava

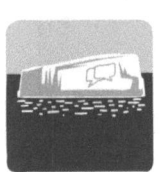

冰

led

一月

januar

二月

februar

三月

mart

四月

april

五月

maj

六月

juni

七月

juli

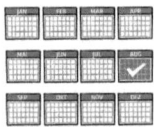

八月

avgust

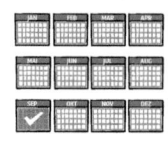

九月

septembar

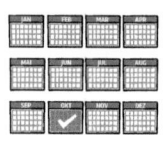

十月

oktobar

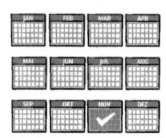

十一月

novembar

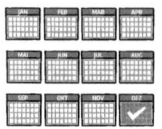

十二月

decembar

## 形狀

## oblici

圓形

krug

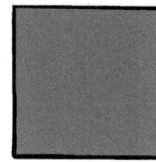

正方形

kvadrat

長方形

pravougao

三角形

trougao

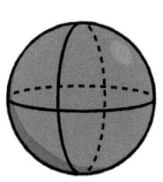

球體

kugla

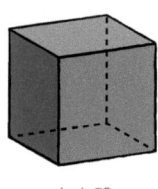

立方體

kocka

白

bela

黃

žuta

橙

narandžasta

粉

ružičasta

紅

crvena

紫

ljubičasta

藍

plava

綠

zelena

棕

smeđa

灰

siva

黑

crna

**很多/少許**

mnogo / malo

**生氣/平靜**

ljutito / mirno

**美/醜**

lepo / ružno

**首/尾**

početak / kraj

**大/小**

veliko / maleno

**明/暗**

svetlo / tamno

**兄弟/姐妹**

brat / sestra

**乾淨/骯髒**

čisto / prljavo

**完整/缺失**

potpuno / nepotpuno

**白天/晚上**

dan / noć

**死/生**

mrtvo / živo

**寬/窄**

široko / usko

**可食用/非食用**

jestivo / nejestivo

**邪惡/善良**

zlo / dobro

**興奮/無聊**

uzbuđeno / dosadno

**胖/瘦**

debelo / mršavo

**第一/最後**

na početku / na kraju

**朋友/敵人**

prijatelj / neprijatelj

**滿/空**

puno / prazno

**硬/軟**

tvrdo / mekano

**重/輕**

teško / lagano

**餓/渴**

glad / žeđ

**生病/健康**

bolesno / zdravo

**非法/合法**

ilegalno / legalno

**聰明/愚笨**

pametno / glupo

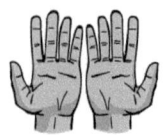

**左/右**

levo / desno

**近/遠**

blizu / daleko

**新/舊**

novo / polovno

**沒有/有些**

ništa / nešto

**老/幼**

staro / mlado

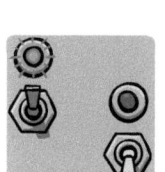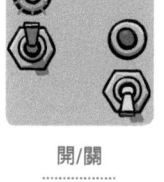

**開/關**

uključeno / isključeno

**打開/闔上**

otvoreno / zatvoreno

**安靜/吵鬧**

tiho / glasno

**富/窮**

bogato / siromašno

**對/錯**

tačno / pogrešno

**粗糙/光滑**

hrapavo / glatko

**傷心/高興**

tužno / sretno

**短/長**

kratko / dugo

**慢/快**

polako / brzo

**濕/乾**

mokro / suho

**溫暖/涼爽**

toplo / hladno

**戰爭/和平**

rat / mir

**0**

零

nula

**1**

一

jedan

**2**

二

dva

**3**

三

tri

**4**

四

četiri

**5**

五

pet

**6**

六

šest

**7**

七

sedam

**8**

八

osam

**9**

九

devet

**10**

十

deset

**11**

十一

jedanaest

**12**

十二
dvanaest

**13**

十三
trinaest

**14**

十四
četrnaest

**15**

十五
petnaest

**16**

十六
šestnaest

**17**

十七
sedamnaest

**18**

十八
osamnaest

**19**

十九
devetnaest

**20**

二十
dvadeset

**100**

百
stotinu

**1.000**

千
hiljadu

**1.000.000**

百萬
milion

英語

engleski

美式英語

američki engleski

普通話

mandarinski kineski

印地語

hindski

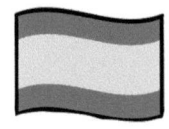

西班牙語

španski

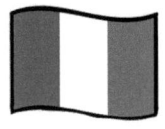

法語

francuski

阿拉伯語

arapski

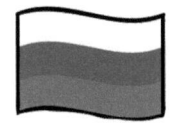

俄語

ruski

葡萄牙語

portugalski

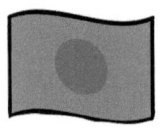

孟加拉語

bengalski

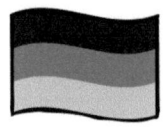

德語

nemački

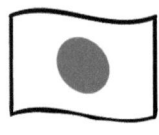

日語

japanski

我

ja

你

ti

他/她/它

on / ona / ono

我們

mi

你們

vi

他們

oni

誰？

Ko?

什麼？

Šta?

如何？

Kako?

何處？

Gde?

何時？

Kada?

名字

ime

後面

iza

裡面

u

前面

ispred

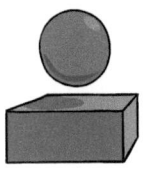

上方

preko

上面

na

下麵

ispod

旁邊

pored

中間

između

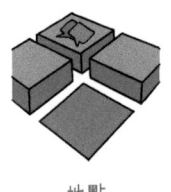

地點

mesto